LE SEPTIÈME CHAPITRE

DE

MES MÉMOIRES,

FRAGMENT HISTORIQUE,

PAR

M. le Comte de Peyronnet.

EXTRAIT DES

MÉMOIRES DE TOUS,

COLLECTION DE SOUVENIRS CONTEMPORAINS
TENDANT A ÉTABLIR
LA VÉRITÉ DANS L'HISTOIRE.

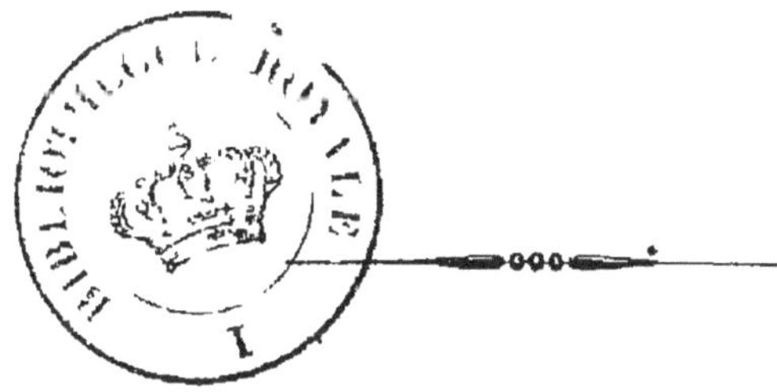

PUBLIÉ PAR ALPHONSE LEVAVASSEUR, LIBRAIRE,
PLACE VENDÔME, 16.

1834.

DE L'IMPRIMERIE DE LACHEVARDIERE,
RUE DU COLOMBIER, N° 30.

LE SEPTIÈME CHAPITRE

DE MES MÉMOIRES.

> Obtrectatio et livor pronis auribus
> accipiuntur.
>
> Tacite, *Hist.*, l. 1, c. 1.

Je ne sais point jusqu'où m'entraîneront ces Mémoires, ni même si je me laisserai mener par eux assez loin pour leur donner, en cheminant, le temps d'acquérir l'ampleur et l'importance d'un livre. Peut-être ce chapitre-ci sera-t-il le dernier; peut-être l'interromprai-je lui-même avant de l'avoir fini. A présent que je n'ai plus d'autre devoir que de vivre, je me revanche de mes contraintes passées, dans la facile et douce habitude de l'inconstance et du nonchaloir. Mon esprit se sent libre depuis que je ne le suis plus, et s'il se plie encore à quelque travail et à quelque étude, c'est que telle est sa fantaisie et son bon plaisir.

Il va et vient, presque au même temps, des choses aisées aux choses ardues, des entreprises sérieuses à celles qui le sont le moins. Tout cela se mêle, fait vie commune, et se prête réciproquement assistance. Quand je suis las de ma grave Histoire des Francs, je m'en divertis en ajoutant négligemment quelques lignes à mes souvenirs de celle du jour. Quand je suis repu et rassasié des vieilles chroniques, je recous grossièrement une nouvelle page à la mienne, qui aura son tour d'être vieille, et dont les studieux et érudits à venir se dégoûteront et fatigueront à coup sûr maintes fois, comme il m'arrive aujourd'hui des Frodoard et des Frédegaire.

Si cette association de labeurs aura longue vie, je n'en réponds pas. Il n'en sera guère que ce que ma belle ou méchante humeur aura jugé bon. Elle n'a faute de gens, Dieu merci, pour lui contredire : ce serait conscience que j'y ajoutasse du mien. Il n'est pas sûr du tout que la séduction d'une besogne docile et familière ne finisse pas par me faire négliger l'aride élaboration de l'histoire; il l'est encore moins que l'attrait d'une entreprise utile et considérable ne parvienne pas à me faire abandonner les causeries vulgaires et bavardes, pour achever plus rapidement de moins frivoles essais. Je n'écris des Mémoires que comme les autres en lisent, pour me reposer et faire trève aux choses sérieuses. Je les puis quitter de la même façon que je les ai pris, sans dessein comme sans regrets.

Que sais-je? rien ne serait peut-être plus sage. Car, à quoi cela m'est-il bon? A part les distractions que j'y trouve, et que je pourrais aussi bien aller prendre ailleurs, je ne vois guère quel profit il m'en reviendra. Si j'étais d'humeur à ne tenir compte ni des devoirs, ni des bienséances, passe encore. Si je sacrifiais au goût du jour, encore serait-ce un peu différent. Quelque vérité avec beaucoup de mensonges; de rares louanges et de la calomnie à foison; point de pudeur, point de ménagemens, aucune justice : mais de l'infidélité en échange, de la méchanceté, du scandale; oh! certes, avec ces honnêtes expédiens-là, je prospèrerais. J'en serais quitte pour un peu d'estime perdue; et la vogue du livre, si je m'en voulais contenter, serait ma consolation. Par malheur, je ne l'entends pas de la sorte. Il se peut que les Mémoires soient un genre d'ouvrage privilégié et à part, où l'on soit dispensé de gravité, d'exactitude et de bonne foi. Je ne disputerai point que Philippe de Commines n'ait eu tort de faire les siens comme il les a faits. Le public n'en veut plus que de piquans, de scandaleux, de frivoles. Il ne court qu'à ceux qui bercent sa paresse et flattent sa malignité. Rien de mieux : le public a raison infaillible ment, et je m'humilie. Mais sans justifier mon senti ment, je le garde. On m'excusera si l'on veut; je reste incorrigible et impénitent.

Mes Mémoires donc, si je les achève, seront véri-
diques ; cela va sans dire : ils ne parleront que d'affaires ; chose qu'on supposerait moins facilement : ils
ne parleront même que de celles dont je puis parler ;
ce qui paraîtra peut-être encore plus étrange. Les évènemens et la politique du temps ; pas une ligne au-delà.
Rien des petites et folles intrigues ; rien de ces noir-
ceurs tracassières, à quoi s'évertue l'habileté des méchans ; rien de ces absurdes mystères, qui ne sont
obscurs que parce qu'ils sont bas, et qu'on a la bonté
de croire profonds parce qu'ils sont obscurs ; rien sur
les hommes, si ce n'est qu'ils soient comme envelop-
pés dans les faits que je rencontrerai en chemin. Du
bien tant que j'en saurai ; le mal, il ne m'en souvient
plus : je le quitte à d'autres.

Et pourtant, j'en pourrais débiter à mon aise, et en
pleine sécurité, ce me semble. Je suis en un lieu à ne
plus craindre personne, et qui voudrait encore me
faire du pire, ne serait pas médiocrement empêché.
Mais c'est raison de plus, à mon sens, pour ne point
médire. Car il faut être courtois cependant, et ne pas
abuser de ses avantages. Si l'occasion me venait d'écrire,
que dirai-je ? le nom même de M. Salverte, qui m'a fait
la grâce de croire qu'il lui serait bon de demander et
d'avoir ma tête ; encore voudrais-je m'arranger de telle
sorte qu'il n'en éprouvât aucun déplaisir. Cette vieille
querelle-là n'est plus qu'entre Dieu et lui.

Je sens bien ce qu'il m'en peut advenir, et que pour

m'être entêté à cette méthode si peu usitée, de circonspection et d'exactitude, je cours grand risque d'être très généreusement insipide, et très charitablement ennuyeux. C'est aussi pourquoi, à chaque ligne achevée, je délibère si je commencerai celle qui suit. Car de prendre une autre allure, il n'en peut être question. De toutes les œuvres de l'esprit, c'est en celle-ci qu'il sied le mieux d'être soi, et de ne consulter que son naturel. Que ferai-je donc aujourd'hui ? Réflexion faite, je continuerai. Mon humeur m'y porte ; nous verrons demain.

On a publié, grâces à Dieu, d'admirables inepties sur le caractère de nos vieux Bourbons. Quels contes ne nous a-t-on pas faits de leur humeur à la fois oublieuse et mémorative ? Oublieuse ; c'est-à-dire ingrate : vous entendez bien. Mémorative ; c'est-à-dire, pour parler net, implacable. Ils n'oublient rien, répétaient ceux-ci ; ils oublient tout, murmuraient ceux-là. Tout et rien ! choses difficiles à concilier. Mais qu'importe, pourvu que l'on nuise ? Les haines ne se piquent point de logique, et comme elles ne sont elles-mêmes la plupart du temps qu'un faux jugement, et une inconséquence tournée en passion, d'enfanter à leur tour des inconséquences n'est pas pour les embarrasser ni pour les confondre. Elles sont faites à cela.

J'aurais beau jeu sur le fait de l'ingratitude, moi dont les très vulgaires services furent si honorablement récompensés dans leur temps. Mais que me dirait-on ?

que j'en parle bien à mon aise, et que le tort qui ne
m'a pas été fait, ne met point obstacle à celui qu'on a
fait à d'autres. L'argument, il faut l'avouer, serait
probable, et la réfutation me mènerait loin. Car il s'y
agirait de deux choses qui ne sont pas médiocrement
épineuses : la première, de prendre ces plaintes cha-
grines une à une, et de rechercher si les charitables
gens qui les font ont bien été aussi négligés qu'ils
le disent, et s'ils ne sont pas injustes eux-mêmes plus
qu'on ne l'a été envers eux; la seconde, d'approfondir
les causes de ces quelques omissions que tout le monde
sait et déplore; de découvrir les obstacles, de mettre à
nu l'hypocrite habileté qui les a fait naître, et de montrer la fatale condition des rois, qui, pour puissans
qu'on les veuille croire, ne peuvent rien moins bien
souvent que ce qu'ils souhaitent le plus. Ce qu'on a dit
des rois eût été mieux dit de la royauté. Le prince le
plus généreux et le plus juste peut être condamné par
son pouvoir même à l'ingratitude. Henri IV aussi l'a été.

Laissons donc ce point, et passons à l'autre. Quand
1814 arrivant, on vit les Bourbons rejeter miséricor-
dieusement les exemples qu'avait donnés l'Angleterre,
et ratifier sur le trône l'héroïque pardon promis sur un
échafaud, les endurcis qui ne s'émeuvent de rien, s'é-
crièrent : C'est qu'il est trop tard; ils n'eussent osé:
c'est qu'ils y sont contraints; les alliés le veulent ainsi.
Revenus plus tôt et moins dépendans, ils n'eussent pas
moins fait que Charles II.

J'ai la preuve de l'injustice de ce langage, et je m'en vais la donner. On verra si la clémence la plus difficile était elle-même étrangère au cœur de ces princes, et s'il leur fallait tant d'années pour comprendre en quoi la prudence des souverains diffère de celle du peuple, en quoi leurs devoirs de rois l'emportent sur nos vulgaires devoirs.

En même temps, j'aurai l'occasion de fournir ma petite part de lumière pour aider à mieux connaître de mystérieuses négociations qui se nouèrent en 1797, et se prolongèrent avec de longues et bonnes apparences de succès. Que de sang épargné, sans les évènemens imprévus qui survinrent et qui les troublèrent! Quels revers que nous n'eussions jamais éprouvés! quelle immense gloire que nous n'eussions pas obtenue! Qui pourrait dire la direction qu'auraient prise alors les affaires, et la différence qui en résulterait pour le temps présent? Le règne, le règne réel de Louis XVIII aurait commencé dix-sept ans plus tôt, et en aurait duré vingt-huit au lieu de onze. L'imagination s'étonne et recule devant les suppositions infinies où l'engage une seule supposition.

Mais avant de montrer ma preuve, il faut en faire l'histoire, et dire comment et pourquoi elle est dans mes mains. L'abbé André se mourait; c'était, s'il m'en souvient, en 1823. Cet abbé André, homme d'activité et d'intelligence, s'était introduit fort avant dans la confiance de Louis XVIII, pendant les premières an-

nées de l'émigration. Il avait été le facteur de beaucoup.
d'affaires, et l'ouvrier de beaucoup de correspondances.
Quand le roi sut en quel péril le pauvre homme était,
il me fit venir au château, m'expliqua ses appréhen-
sions, me conta par le menu toutes les vieilles missions
de l'abbé, et me donna l'ordre de faire mettre le scellé
chez lui sitôt qu'il serait mort, s'il mourait.

D'anciens édits et de modernes décrets donnaient
ce droit au gouvernement : je n'hésitai point à en faire
usage. M. Royer-Collard, que j'honore beaucoup,
pour le dire en passant, malgré nos dissentimens d'autrefois, qui sont, ou je me trompe fort, un peu moins
profonds aujourd'hui; M. Royer-Collard, quand il fut
informé de mes démarches, en prit l'alarme. Il avait
été pendant assez de temps l'un des principaux corres-
pondans de l'abbé, et il se faisait je ne sais quelle in-
quiète et fâcheuse idée de l'importance des papiers
saisis, et de l'avantage relatif qu'on en pourrait
prendre. Il imagina de s'adresser aux parens du mort
et de solliciter leur procuration : on pense bien qu'elle
ne lui fut pas refusée. Muni donc de ce nouveau titre,
M. Royer-Collard vint chez moi, et me dit son dessein
de croiser, comme on s'exprime au palais, le scellé
du gouvernement; c'est-à-dire de mettre le sien à côté
de l'autre. Il n'y avait rien là que de juste, et du premier
mot nous fûmes d'accord.

Mettre un scellé n'est que le prélude; l'important
est quand on le lève. M. Royer-Collard me fit la grâce

d'insister pour que celui-ci ne fût levé qu'en ma présence. Il consentait bien que je visse les pièces qu'on allait trouver; mais il n'avait aucun désir qu'elles fussent explorées par d'autres. Il était pourtant assez difficile que ma vénérable simarre se montrât pour une cérémonie de cette espèce, dans la maison du pauvre abbé mort. M. Royer-Collard alla au-devant de l'objection. Trois ou quatre cartons pouvaient aisément contenir tout ce fatras d'utiles ou inutiles paperasses. De nouveaux cachets pouvaient sceller ces cartons. Ceux-ci à leur tour pouvaient voyager sans encombre et sans embarras jusqu'au cabinet du garde-des-sceaux.

Ainsi disait M. Royer-Collard et ainsi fit-on. Quand les cartons furent apportés, cet excellent homme suivait. Introduit en même temps qu'eux dans mon cabinet, il alla droit à la table où l'huissier venait de les déposer, et, sans que j'eusse pu prévoir son dessein, il rompit d'un tour de main son cachet, en évitant toutefois fort soigneusement de toucher à celui de l'État. Après quoi, sa furtive et gracieuse opération achevée, il revint vers moi et me dit : « Monsieur le garde-des-sceaux, ces papiers sont maintenant où je les voulais. Je n'ai nul besoin d'assister à leur examen, puisqu'il ne sera fait que par vous. » J'eus beau me récrier, me récrier encore et le rappeler, il n'en voulut pas démordre et partit.

On pense bien que je ne voulus pas non plus être en

reste de courtoisie. Je pris d'abord les ordres du roi sur les divers cas qui pouvaient obvenir, et, pourvu ainsi des autorisations que je jugeais nécessaires, j'invitai M. Royer-Collard à venir de nouveau chez moi. Il y vint, et trouva, comme il devait s'y attendre, le sceau des cartons dans l'état où il l'avait laissé : rien encore n'avait été vu. Il se rendit cette fois à mes représentations et à mes instances. Nous fîmes donc ensemble cette très ennuyeuse vérification. Il se trouva d'abord quelques papiers qui n'avaient guère d'intérêt réel que pour lui, et que je le contraignis de prendre; ce dont il me parut fort touché. Enfin ma main tomba sur une toute petite feuille, chargée d'une toute menue écriture, après laquelle venait une signature fort brève; et tout cela bien enfumé, bien fripé, bien vieux, mais qui ne laissa pas d'attirer notre attention. Cette écriture et cette signature étaient celles du roi.

Le roi, quand je lui apportai cette pièce, m'en fit voir beaucoup de contentement, beaucoup plus même que je n'aurais supposé. « Je la croyais perdue, me dit-il, et j'en avais bien du regret. » A quelques jours de là, étant allé un soir dans son cabinet, sitôt qu'il m'eut aperçu : « J'ai joie de vous voir, me dit-il; aussi bien vous suis-je redevable d'un très vif plaisir que vous m'avez fait; il est juste que je m'acquitte. Vous m'avez rendu ma déclaration, c'est fort bien : à mon tour, je veux vous la rendre. Vous en serez le dépositaire et le maître. Les sentimens qu'elle exprime sont

bien mes vrais sentimens. Ce sera peut-être bon à pu-
blier quelque jour. Vous prendrez votre temps et ferez
ce qu'il vous plaira. » Je ne sais pas encore si j'userai
de cette permission, ni à quelle époque. Mais il est
toujours bon de s'y préparer, et c'est pourquoi je vais
mettre ici cet écrit. Il n'est guère connu que de M. le
duc de Doudeauville, à qui je le prêtai, le 1er novembre
1824, pour une vérification qu'il me disait importante.

   «J'ai quarante et un ans passés; j'en ai vécu trente-
» trois assez près de la couronne pour juger de son
» poids sans me laisser éblouir de son éclat, et assez
» loin pour goûter les charmes de la vie privée. Rien
» ne me rendra ce temps, où, sous l'empire du meil-
» leur des rois, entouré, chéri d'une famille nombreuse
» et tendrement aimée, j'étais libre du poids des af-
» faires, mais à portée de dire mon avis lorsque la né-
» cessité m'y engageait. Une vaine grandeur ne me le
» ferait pas oublier. Quels attraits peut avoir pour moi
» un trône teint du sang de ce que j'avais de plus cher
» au monde? quel supplice d'habiter ces lieux jadis si
» beaux pour moi, mais auxquels je demanderais en
» vain ce roi si bon, ce frère tant aimé, cette reine si
» méconnue, cette sœur, ange céleste, dont Dieu n'a
» sans doute permis la mort que parce qu'elle était
» mûre pour le ciel! Malheur à qui la couronne à ce
» ce prix serait autre chose qu'un fardeau! mais la
» providence l'ordonne, je le porterai.

» Ce ne peut donc pas être pour en devenir posses-
» seur, que j'accorde sûreté à ceux que j'avais formel-
» lement exceptés dans ma déclaration du mois de juil-
» let 1795. Mais je vois l'affreux terrorisme prêt à re-
» naître ; je vois le sang des Français prêt à couler de
» nouveau sous la hache aiguisée par Robespierre ;
» j'entends le dernier vœu de mon frère. C'est à ce
» vœu, c'est à son amour, c'est au mien pour les
» Français, que j'immole, non seulement le plus juste
» des ressentimens, mais aussi le premier devoir des
» rois, la justice.

» Mais en faisant ce grand sacrifice, je veux que
» mon peuple en recueille les fruits. Je veux être sûr
» qu'un parti différent de celui qui m'offre en ce mo-
» ment de me remettre les rênes du gouvernement, ne
» rétablira pas ce régime exécrable dont l'effroi l'em-
» porte en moi sur toute autre considération. C'est
» pour cela que je veux que ce grand changement
» s'exécute par les moyens que j'indique, et qui seuls
» m'offrent une réussite assez certaine pour me déter-
» miner à ce que je fais.

» C'est en vain que ceux à qui j'accorde ce qu'ils
» n'espèrent peut-être pas eux-mêmes, prétendraient
» qu'ils me donnent plus qu'ils ne reçoivent de moi. Je
» me plais à croire qu'ils ont horreur des moyens aux-
» quels ils déclarent qu'ils seraient forcés de recourir
» si je rejetais leurs offres. Mais ces moyens, ils en
» sentent trop eux-mêmes la faiblesse. Ils savent qu'ils

» exerceraient peut-être pendant quelque temps, tou-
» jours effrayés par les remords de leur conscience, et
» par l'exemple de Robespierre, et qu'après avoir
» traîné une vie plus cruelle encore pour eux que pour
» ceux qu'ils immoleraient à leurs soupçons, ils péri-
» raient d'une mort affreuse. Ce motif ne leur permet
» pas de balancer à me satisfaire, et s'ils osaient dou-
» ter de la foi de mes promesses, je leur en donne un
» garant plus certain que tous les sermens, la victime
» même qu'ils ont immolée.

» Ce 9 avril 1797.

» Louis. »

Ce serait un beau texte, à ce qu'il me semble; et qui
aurait fantaisie de le commenter pourrait se donner
carrière. Voilà donc ce qu'il en coûte pour être roi!
voilà quels ressentimens il faut savoir immoler! Quelle
leçon, quel exemple! Et le sang du meurtre était encore ruisselant! et c'était un roi, un frère, une fille,
une fille, grand Dieu! qui pardonnaient la sacrilége
mort d'une mère, d'un père, d'un frère, d'un roi!
Quand on cherchera, après nous, le plus grand exemple de magnanimité donné dans les siècles, on nom-
mera Marie-Thérèse de France, et je n'oserais répondre que l'on veuille croire à un si prodigieux effort de
vertu. Qu'ils viennent maintenant, et qu'ils me disent
leur nom, ceux qui trouvent beau d'être inexorables,
et qui prétendent en avoir le droit. Pardonnons, si

nous avons de la bonté dans le cœur ; si nous n'y avons que de la prévoyance et du discernement, pardonnons. C'est une noble et profitable vertu, qu'il faut imiter quand on ne l'a pas ; qu'il faut exercer par calcul et par intérêt, quand on n'y est pas porté de nature. Si l'indulgence n'était pas une vertu, ce serait encore de l'habileté.

Je parlais presque irrévérencieusement des commentaires, et tout en disant, il s'en fallait de peu que je n'en fisse un. Mais celui-ci, si c'en est un, est écrit, et il restera. L'œuvre que voilà n'est point une œuvre de contrainte et de pruderie. Ma plume y prend sa revanche : c'est elle qui me conduit, et non moi. Et puisque ce favorable sujet de la générosité politique a tant d'attrait pour elle aujourd'hui, autant vaut-il que je la laisse aller ainsi jusqu'au bout, et que je lui abandonne tout le reste de ce chapitre pour en faire à sa volonté.

Voilà d'ailleurs qu'il me revient un fait en mémoire, qui, pour être moins grave que l'autre, ne laissera pas d'être à sa place encore après lui. C'est une action dont le souvenir m'est très précieux, et qui m'a toujours paru de bon augure, à moi qui me mêle aussi de prophétiser. J'y ai vu la preuve que les bonnes semences germaient de bonne heure, et qu'un jour à venir on verrait fructifier infailliblement ces grandes leçons de clémence données de si haut, et recueillies de si près. Peut-être s'en trouvera-t-il d'autres que

moi, qui tireront le même présage. Je ne change pas
tant de personnages qu'on pourrait le craindre. C'est
toujours de rois que je parle. Seulement, je franchis
quelques générations : il est question de Henri V.

Il y avait dans le troisième régiment de la garde, un
caporal nommé Bosson. Ce caporal avait un frère,
moins bon soldat que lui, à ce que je crois, qui s'était
engagé, du temps de l'expédition d'Espagne, dans un
bataillon d'ouvriers militaires. Quand on fut auprès
de Madrid, l'indiscipline se mit un instant dans ce
bataillon, et la nouvelle recrue, qui n'était pas encore
bien exercée à l'obéissance, s'échauffa un peu plus
qu'il n'eût été de son intérêt et de son devoir. Ces
fautes-là sont plus graves à la guerre que dans la paix.
Aussi les juges furent-ils sévères, et le malheureux enfant subit une dure condamnation.

Un jour du mois d'octobre 1824, un paquet me fut
apporté du château. J'ouvre : c'était un mémoire du
caporal de la garde, qui sollicitait la grâce de son frère.
Mais une écriture plus longue, plus noire et moins
assurée attire mes regards au haut de la page, et je
vois (qu'on juge de mon attendrissement et de ma
surprise!), je vois ces quatre mots, touchant essai
d'une tremblante plume d'enfant : «*Je demande cette
grâce...*» et au-dessous, un autre mot symbolique et
prestigieux : «HENRI.»

Je demande!.... Je demande, moi, si l'on a l'idée
d'un ordre plus irrésistible et plus sûr? Madame de

Gontaut avait joint à cela une très positive lettre. C'était une manière de contre-seing de ce premier acte de son élève; acte en effet de royale autorité, et de vraie toute-puissance. Comme cette lettre, qui authentiquait la demande, confirmera également mon récit, je vais la transcrire pour l'édification de ceux dont la foi est lente, et qui ne croient qu'à bon escient.

« Monsieur le duc de Bordeaux, et *véritablement*
» lui, Monsieur, vous demande la grâce de Philippe
» Bosson, frère du caporal Bosson, le meilleur sujet du
» troisième régiment de la garde royale. Sa famille est
» bien intéressante; la faute de Philippe Bosson est
» légère, et a été bien sévèrement punie.

» J'aime que la première fois que mon petit prince
» ait écrit son nom, ce soit pour une bonne action.
» Vous aurez la jouissance, Monsieur, de lui avoir
» accordé la première grâce qu'il ait jamais demandée,
» et cette grâce rendrait au bonheur une famille digne
» d'intérêt.

» Permettez-moi, Monsieur, de vous donner un
» détail qui vous intéressera. C'est hier que l'officier
» supérieur du troisième régiment me parlait de la
» position malheureuse de cette respectable famille.
» Monsieur le duc de Bordeaux, à qui la pétition avait
» été recommandée, a pris lui-même la plume, et m'a
» demandé de guider sa main pour *demander grâce.*

» Permettez, Monsieur, que j'ajoute à cette demande
» l'assurance, etc.

 » *Signé*, la vicomtesse DE GONTAUT. »

 « Ce samedi, 16. »

Noble enfant ! sa première demande est que l'on
pardonne ; la première fois qu'il écrit son nom, c'est
pour faire grâce ; le premier acte de sa vie de prince
est de crier merci : il entre dans la puissance par la
justice, et dans la justice par la clémence ! Me trom-
pé-je, ou si ce n'est point un bon gage ? Il a bien
commencé, l'enfant-roi : plaise à Dieu qu'il puisse
achever !

J'allais omettre de dire que le pauvre soldat eut sa
grâce ; mais qui est-ce qui en doute ? Ce n'est pas un
médiocre plaisir pour moi, dans ce triste et déplai-
sant lieu, de songer que j'ai pourtant été l'instrument
de ce bienfait garant et précurseur de tant d'autres.

Ceux qui, n'ayant souvenance que du grotesque por-
trait qu'il avait plu à l'esprit de parti de faire de moi, il y
a quelques années, s'obstineraient encore à douter que
ces actes de bienveillance flattassent mes inclinations
et mes habitudes, ceux-là me feraient grand tort ; et
puisque j'en ai l'occasion, je ne résisterai point au désir
qui me prend de le leur prouver. Je me suis beaucoup
mis en jeu déjà dans ce chapitre ; mais c'est le privi-
lége de tout loyal faiseur de Mémoires, et qu'on ne
s'avise guère de lui disputer. Je n'en ferai pas abus

cependant; Dieu m'en garde! Les apologies ne sont point de mon goût; et s'il ne s'agissait pas d'un reproche que tout homme de cœur doit être jaloux d'écarter de lui, je supprimerais volontiers tous les détails qu'on va lire. Mais quoi! se laisser éternellement représenter comme un homme dur et impitoyable, quand on a une vie toute pleine d'actions contraires, est-ce une chose qui se puisse raisonnablement exiger? Et puis, « Le » n'oser parler rondement de soy, accuse quelque » faulte du cœur, » dit Montaigne (1).

A la vérité, je n'ai aucune prétention à cette espèce de bonté qu'on décore là d'un nom qui ne lui sied guère; véritable infirmité de l'intelligence et de l'âme; misérable impuissance de la volonté et du jugement; déplorable mélange d'imprévoyance, d'irrésolution et de peur; qui ne permet que pour s'épargner le soin d'empêcher; qui ne souffre que pour n'avoir pas l'embarras de défendre; qui ne pardonne que pour n'oser reprendre et punir; qui ne met le peu de force qu'elle a qu'à s'obstiner contre tout ce qui pourrait l'ôter et la déranger de sa faiblesse. Non, cette bonté-là, si c'est de la bonté, ne me tente point, et je n'en trouve en moi nul vestige. Quand mon humeur m'y porterait, ma raison, je crois, aurait peu de peine à m'en détourner. La bonté dont je fais cas, et où je m'applique, n'est point de la lâcheté, ni de la faiblesse;

(1) Liv. III, chap. VIII.

au contraire. Elle n'est point de l'aveuglement; loin de là. Elle discerne et choisit; elle s'interrompt et attend. Si loin que le devoir lui permette d'aller, elle y va; mais d'entreprendre contre le devoir, l'idée ne lui en vient point. Un jour de combat, elle se met à l'écart; s'il faut réprimer, elle se voile la face. Ce qu'exigent les lois, elle s'y résigne; ce que veut de rigueurs le bien du grand nombre, elle qui n'aspire qu'au bien, elle y condescend. Où sera la nécessité, elle se taira; mais sitôt la nécessité disparue, c'est alors qu'elle parlera haut, et agira librement.

De cette bonté-là, la seule, à mon avis, dont on puisse tirer vanité, je n'en suis pas, grâce à Dieu, si entièrement dépourvu. J'en parlerais avec plus de discrétion et de défiance sans les bons garans que j'ai en main pour me cautionner. Qui les voudrait écouter tous, courrait quelque risque de s'en rassasier en chemin; car la liste n'en serait pas brève, et l'uniformité de leurs récits les rendrait infailliblement peu récréatifs. Comme aussi, qui, se résignant à choisir, n'en prendrait que chez les amis, s'exposerait visiblement à perdre sa peine, et ne produirait, selon toute apparence, qu'une assez médiocre persuasion. Il faut donc exclure, afin d'abréger, et il faut exclure les amis afin de convaincre. La condition n'est pas favorable; car, les amis écartés, il ne reste guère que les ennemis, et ceux-ci ont des façons de juger qui ne sont pas toujours bien intègres ni bien indulgentes. Il est vrai qu'en revanche c'est le témoignage le plus décisif et le moins suspect, quand on l'a pour soi.

La chose étant ainsi, je me suis mis dans l'esprit que l'aveu, de qui dirai-je?..... de M. Benjamin-Constant, par exemple, et de quelques autres d'allure pareille, serait jugé apparemment digne de créance, et surmonterait, à moins de malheur, l'entêtement des plus acharnés. On voit à qui je me livre, et que je m'exécute d'assez bonne grâce.

Il lui arriva donc, à M. Benjamin-Constant, d'avoir fantaisie d'être en rapport avec moi. La chose commença de bonne heure et finit fort tard; elle dura presque tout le temps de mon administration. Ces rapports n'étaient ni bien intimes ni bien variés. Mais enfin, chaque fois que le spirituel député s'en pouvait promettre quelque agrément ou quelque profit, l'esprit d'opposition se taisait en lui, et il m'écrivait. La plupart de ses lettres se sont malheureusement perdues; mais il m'en reste encore assez cependant pour l'effet que je me propose.

En voici une du 12 mai 1822 : c'était le cinquième mois de mon ministère.

« Monseigneur, c'est avec un vif bonheur que je
» reçois de Votre Excellence la nouvelle de la grâce
» accordée au malheureux Marcellin Bourgois. Quelle
» que soit la ligne que m'engagent à suivre les prin-
» cipes que je crois seuls capables à la fois de faire le

» bonheur de la France, et de consolider la monarchie
» constitutionnelle, je serai toujours heureux de ren-
» dre hommage à l'acte de justice auquel Votre Excel-
» lence a si puissamment contribué, et dans lequel elle
» a mis *une célérité si bienfaisante* pour l'infortuné
» dont je lui avais transmis les réclamations, et une
» obligeance en me l'annonçant qui ajoute *le senti-*
» *ment d'une sincère reconnaissance* à ceux de la
» haute et, etc.

» *Signé* BENJAMIN-CONSTANT. »

En voici une seconde, du 3 mars 1823 :

« Monseigneur, Votre Excellence *a été si bien pour*
» *moi dans les procès que j'ai eus à soutenir récem-*
» *ment*, que c'est avec confiance que je m'adresse à
» elle dans une affaire plus importante, où il s'agit
» de la vie d'un malheureux que je ne connais point,
» mais dont le frère, obscur et isolé, frappe à toutes
» les portes pour sauver la vie de son frère. Il s'agit
» du condamné Roger, compris dans cette affaire de
» Caron, sur les détails de laquelle je m'abstiens de
» revenir, mais qui, ce me semble, ayant déjà eu pour
» résultat l'exécution de celui qu'on a regardé comme
» le chef de l'entreprise qui lui avait été proposée, n'a
» pas besoin, dans l'intérêt même du gouvernement,
» d'être rendu plus terrible encore par une exécution
» si tardive d'un infortuné assez puni par sa détention
» et par ses angoisses.

» *Je sais par expérience*, Monseigneur, *que vous*
» *ne repoussez pas les intercessions de ce genre*. Je
» vous dois la liberté d'un malheureux qui gémissait
» depuis six ans dans les fers, et *que seul vous en*
» *avez délivré*. L'affaire de Caron et de Roger est trop
» connue de Votre Excellence, pour que j'aie besoin de
» lui rappeler toutes les circonstances qui rendent une
» commutation de peine désirable et politique. La
» douleur de son frère, le malheur de sa famille, l'idée
» de voir le sang couler de nouveau après une inter-
» ruption qui a permis d'espérer que le temps des ri-
» gueurs était passé, toutes ces considérations auront
» du poids, j'ose l'espérer, auprès de Votre Excellence.

» Je saisis cette occasion pour lui offrir l'assurance
» de *ma reconnaissance personnelle*; mais bien qu'é-
» tranger à celui pour lequel je l'implore et que je n'ai
» jamais vu, j'éprouverai une reconnaissance encore
» plus vive si je puis penser que j'ai eu le bonheur de
» fixer son attention sur cet infortuné.

» Je la prie d'agréer, etc.

» *Signé* BENJAMIN-CONSTANT. »

Ici il faut s'interrompre; car il n'y a guère moyen que
j'omette ou que je diffère de dire le sort de Roger. Roger
obtint d'abord la commutation de peine que sollicitait
M. Benjamin-Constant. Mais je ne m'en tins pas à cette
première faveur; et deux ans à peine passés, ce malheureux, sur qui avait été prononcée la peine de mort,

reçut de moi en échange sa grâce entière et sa liberté.
J'ajouterai, parce que cela est véritable et juste, que
la famille de Polignac eut sa part de cette bonne action.
M. le duc de Guiche intercédait cette fois chaleureu-
sement pour Roger, ou tout au moins pour Olauyer,
autre complice, que je ne traitai pas avec plus de sévérité.

Retournons à M. Benjamin-Constant. Voici une
troisième lettre de lui. Celle-ci est de 1824 :

« Monseigneur, confiné chez moi depuis plus d'un
» mois par une indisposition qui a été assez grave, je
» prends la liberté de m'adresser à Votre Excellence
» pour lui demander une faveur qu'elle ne trouvera, j'es-
» père, aucun inconvénient à m'accorder, puisqu'elle
» ne tient en rien à la politique. Il s'agit... Si Votre
» Excellence peut m'accorder ce que je lui demande,
» je lui aurai une obligation d'un nouveau genre; car
» *je n'ai point oublié celles d'une plus haute impor-*
» *tance que j'ai contractées envers elle, en en obte-*
» *nant, pour des malheureux, des actes de justice*
» *ou de clémence.* Je prie Votre Excellence de vou-
» loir bien agréer, etc.

» *Signé* BENJAMIN-CONSTANT. »

Encore une lettre, qui est aussi de 1824 :

« Monseigneur, je prends la liberté d'envoyer à
» Votre Excellence une copie du mémoire, etc.... Au-

» cune différence d'opinion politique ne me fera jamais
» récuser le jugement de Votre Excellence, dans une
» question où il s'agit de lois et de faits; et je n'ai point
» oublié *la justice prompte qu'elle a rendue au*
» *malheur obscur et sans défense, lorsque je l'ai*
» *implorée pour lui.* Je prie Votre Excellence d'agréer
» l'hommage, etc.

> » *Signé* BENJAMIN-CONSTANT. »

Une dernière enfin; car elles sont toutes semblables,
ces lettres, et il ne faut pas verser, même la vérité, jusqu'à la lie. Celle-ci est de 1825 :

« Monseigneur, je n'ai voulu commettre auprès de
» Votre Excellence la même indiscrétion que, etc....
» J'en aurais une vive reconnaissance, et j'aime à pen-
» ser que ce n'est pas le seul genre de reconnaissance
» que je lui doive, puisque, *lorsque j'ai réclamé des*
» *actes de clémence, elle a bien voulu plus d'une fois*
» *me les accorder.* Je la prie, etc.

> » *Signé* BENJAMIN-CONSTANT. »

Je ne sais si je me fais illusion, mais il me semble
que ces lambeaux de correspondance prouvent deux
choses, et les prouvent même assez bien : l'une, que
mon inflexibilité prétendue se pliait pourtant, sans
trop de lenteur et de résistance, aux actes d'indulgence et d'humanité; l'autre, que les partialités politiques n'y faisaient point de différence, et n'étaient

pas pour moi une occasion d'endurcissement et d'oubli. Car enfin, ces malheureux étaient tous des condamnés politiques, et de la faction de M. Benjamin-Constant, et il jouait lui-même un rôle dans cette faction, qui n'aurait vraisemblablement pas rendu ses supplications bien puissantes si j'avais eu la sévérité partiale et imprévoyante qu'on m'attribuait.

Le merveilleux de la chose est que M. Benjamin-Constant, qui confessait avec tant de candeur, dans sa correspondance secrète, les nombreuses épreuves qu'il avait faites de mes véritables sentimens, ne se faisait aucun scrupule de m'en imputer à la tribune, ou dans ses journaux, d'entièrement opposés. Je me souviens même qu'un jour, que j'étais par hasard absent de la chambre, abusant un peu plus que de raison, à ce que je crois, de cet avantage, il se laissa échauffer au point de me reprocher avec la plus véhémente indignation, d'avoir demandé quelque soixante ou quatre-vingts têtes à la cour des pairs, dans le procès de la conspiration militaire. Cet orateur, dans son hyperbolique objurgation, confondait (Dieu me garde de dire à dessein) le réquisitoire sur lequel on juge, qui m'appartenait en effet, et était à mille lieues de ces violences, avec le réquisitoire sur lequel on permet seulement l'accusation; acte fort différent assurément du premier, mais qui d'ailleurs ne pouvait être mis sur mon compte, puisque je ne fus fait procureur-général que trois mois après. Mais comme si ce n'était pas assez de

cette méprise, il y avait de plus un étrange oubli.
M. Constant oubliait que c'était tout récemment, et
dans la même semaine, si je ne me trompe, qu'il
m'avait adressé l'une de ces lettres, où, libre de toute
contrainte, et n'obéissant plus apparemment qu'à sa
conviction, il parlait en termes si clairs et si expressifs
de ma modération et de sa gratitude. Et puis, qu'on se
fie indistinctement et sans restriction à la sincérité de
ces fastueuses harangues! Et puis, ayez foi à l'hon-
nêteté politique de ces esprits changeans et féconds,
qui ont beaucoup d'idées en effet, et de variées, car
ils les ont toutes, et tour à tour, et même à la fois in-
différemment! Et puis, condamnez ou exaltez, sur leur
parole, ceux qu'il leur plaît de traduire à la barre du
peuple ou de recommander à votre admiration!

Je conterai à ce sujet une toute petite aventure qui
a bien son prix, et qui ne démentira pas, je crois, mon
propos. On était en 1829, et l'affaire des crédits sup-
plémentaires, dont il sera plus amplement question en
son lieu, occupait le tapis dans la grave chambre des
pairs. J'avais prononcé, la veille, le discours qui obtint
l'assentiment de la chambre, et détermina sa résolu-
tion. M. de Barante était rapporteur de l'affaire. La
discussion étant close, il prit la parole sous le prétexte
de la résumer. Mais sa harangue était écrite, et ar-
rangée par conséquent à l'avance; si bien qu'on y
retrouvait toutes les erreurs déjà ruinées, et que la
pauvre réponse avait entre autres inconvéniens, celui

de ne pas répondre du tout. Il y eut principalement une méprise plus fâcheuse qu'aucune, et plus lourde, qui me surprit et me révolta. J'avais assez près de moi un autre membre de la commission, homme de droiture, et qui a, dans l'esprit de la soudaineté, de la chaleur, quelque faste. J'allai à lui, mes preuves en main; lesquelles, par parenthèse, étaient imprimées et publiques. « Comment, mon cher collègue, lui demandai-je, avez-vous pu souffrir qu'on répétât aujourd'hui, au nom de la commission, une supposition si choquante, et dont la fausseté a été hier si parfaitement démontrée?

» — Sans doute, sans doute, me répondit-il; mais que voulez-vous? vous n'êtes que le prête-nom dans cette affaire. La vraie querelle est entre les deux ministères; celui d'à présent et le vôtre.

» — Grand merci! repris-je. Et quand ce serait sur mon ministère, encore ne fallait-il pas frapper si *faux*.» Je me rappelais, comme on voit, et amendais le mot de Turenne. L'honnête créature trouvait simple qu'on calomniât officiellement et à outrance, un homme qu'elle faisait profession d'estimer, et cela parce que, au bout du compte, ce n'était pas tout-à-fait de lui qu'il était question. Oh! la merveilleuse chose que la politique, et qui sait si bien endormir une conscience!

J'ai fini avec M. Benjamin-Constant : qui pourrais-je mettre après lui? Voyons si cette place ne conviendrait pas à M. de Broglie. M. de Broglie a je ne sais quoi dans l'esprit de plus uniforme et de plus candide. Mais d'abord il est quasi Suisse, ainsi que M. Benjamin-Constant, ce qui forme déjà (qu'on me le pardonne) un premier trait de similitude ou d'analogie. Et puis sa politique, bien que différente à beaucoup d'égards, ne sympathisait guère mieux avec la mienne. Outre cela, si le premier a un peu plus hâté le mal que j'endure, le second, en revanche, le prolonge aussi un peu plus ; car il n'est pas mort, lui, et il est puissant. Je persiste donc : M. de Broglie viendra fort bien en ce lieu, et son témoignage n'aura guère plus, guère moins de poids que celui de son devancier.

M. de Broglie donc, que je n'ai, grâces à Dieu, sollicité de ma vie, n'y faisait pas, lui, autant de façons, en mon temps. J'aurais bien eu quelques raisons de faire la sourde oreille à ses prières, si j'avais été autre que je ne suis. Mais de mêler aux actes réguliers et graves de la justice les intérêts trop souvent frivoles et irréguliers de la politique parlementaire, n'était point mon fait. J'écoutais M. de Broglie ; je l'écoutais même avec quelque coquetterie de condescendance et d'empressement, qui me donnait fort à rire, à moi qui en savais le motif. Car cette coquetterie, à dire vrai, n'était que de la vengeance ; vengeance innocente, je crois, s'il en fut, et qui n'était pas peut-être d'un trop méchant homme.

Il était arrivé qu'une dame de la famille de M. de Broglie (laquelle je ne nommerai point, ne voulant décidément affliger personne), écrivant, dans le mois de septembre 1822, à une autre dame française qui était alors en Suisse et s'en allait en Italie, s'il m'en souvient bien, avait trouvé, sinon juste . au moins ingénieux et piquant, d'embarbouiller ma pauvre figure de ministre en la plus odieuse façon du monde , et de me gratifier enfin, pour tout dire, du sinistre nom de Jeffryes. Cette petite boutade de malignité était venue, je ne sais comment, aux oreilles de Louis XVIII, qui me la conta, non sans rire et de l'humanité de la dame et de mon inhumanité. La bienheureuse lettre fut, durant six mois, le texte abondant de ses spirituelles railleries, chaque fois, ce qui était alors fort fréquent, qu'un travail particulier m'appelait, le soir, dans son cabinet.

Or, comment en usait le Jeffryes de France envers ceux dont la plume équitable lui dispensait libéralement de si gracieuses qualifications, c'est ce dont la lettre suivante nous dévoilera peut-être le secret :

« Monsieur le comte, je n'ai reçu qu'ici même, et » hier soir, la lettre que vous avez bien voulu m'adresser » le 30 novembre, en m'annonçant que Sa Majesté » venait de commuer la peine prononcée contre Charles » Ferdinand Destrées , en cinq années d'emprisonne-» ment.

» Permettez-moi de vous adresser moi-même les re-» merciemens de cet infortuné, et de vous prier de

» faire parvenir respectueusement sa reconnaissance
» aux pieds du trône. J'ose espérer que sa conduite à
» venir l'excusera, et prouvera que le Roi, en consul-
» tant sa clémence, a satisfait aux droits de la justice
» éternelle, que la justice d'ici-bas, poursuivie dans
» toute sa rigueur, ne représenterait qu'imparfaite-
» ment.

» En ce qui me touche personnellement, *je n'oublie-*
» *rai jamais que la confiance que vous avez eue en*
» *ma parole, en cette circonstance, a été à peu près*
» *le seul motif qui vous ait déterminé en faveur de*
» *ce malheureux, contre lequel s'élevaient plus d'une*
» *sorte de préventions.* Cette confiance, je m'estime-
» rai heureux de continuer à la mériter, et sitôt mon
» arrivée à Paris, de vous en remercier de vive voix.
» Veuillez agréer, etc.

» *Signé*, V. DUC DE BROGLIE.

» Coppet, le 10 décembre 1826. »

On avouera bien qu'il devait être assez réjouissant
pour moi de recevoir de pareilles lettres signées du
même nom qui avait signé l'autre. Il est vrai qu'au
temps où celle-ci fut écrite, les préventions qu'avait
conçues contre moi l'opposition de la Chambre des
pairs, pour la liberté que j'avais prise, moi homme
nouveau, de lui tenir tête sans trop de faiblesse, dans
le procès de la conspiration militaire, ces préventions,
dis-je, étaient encore dans leur première verdeur, et

il n'était pas surprenant qu'une dame vouée à la politique de ce parti n'y eût pas encore renoncé. Elles n'étaient pourtant pas plus justes que les autres ; car si je remplis mes devoirs de procureur-général, dans le débat, sans me laisser intimider ni séduire, un peu plus tard aussi, quand je fus devenu ministre, je m'acquittai fort exactement, même dans cette affaire qui m'avait suscité tant de dégoûts, des nouveaux devoirs d'humanité et de politique, que me traçaient, comme pour me dédommager, ces hautes et périlleuses fonctions. On ne m'en croirait pas sur parole. Il faut donc que l'on se résigne, et que l'on me permette encore d'avoir recours à cette vulgaire preuve qui se tire des témoignages. J'ai lieu de croire, toute vulgaire qu'elle est, qu'on la trouvera concluante cette fois; car je ne veux pour témoins que les condamnés, et même, parmi eux, les plus importans.

Le capitaine Delamothe était bien certainement de ce nombre, puisqu'on lui avait assigné dans le jugement le premier rang et le premier rôle. Il est vraisemblable, si j'eusse été de l'impitoyable et farouche humeur qu'on a dite, il est vraisemblable que ce n'est pas de lui que j'eusse fait choix pour me relâcher de mes habitudes et de mes rigueurs. C'est pourtant lui que je propose d'entendre, et par son exemple que je prétends faire juger ma conduite et mes sentimens. J'ai retrouvé une de ses lettres : je demande qu'on prenne la peine de la lire.

» Monseigneur, je supplie Votre Grandeur de ne pas
» improuver, si, malgré la crainte où je suis de l'impor-
» tuner et de la distraire de ses graves occupations, *je*
» *ne puis résister plus long-temps au vif besoin de*
» *la remercier de la bonté qu'elle a eue de me com-*
» *prendre* dans la liste des Français que Sa Majesté a
» daigné amnistier à l'occasion de son sacre. Croyez,
» Monseigneur, que je sens tout ce à quoi m'oblige une
» grâce aussi grande, et que ma conduite à venir *jus-*
» *tifiera les bontés de Votre Grandeur, qui seront*
» *toujours gravées dons mon cœur.*

» Élevé dans les camps, je n'y ai point appris à dis-
» simuler. C'est ce qui fit malheureusement que, séduit
» par de trompeuses théories, on me vit maintes fois les
» défendre au péril de ma vie. Mais revenu comme je
» le suis, librement et franchement, de ces fatales er-
» reurs, Votre Grandeur me verra désormais aussi
» chaudement dévoué au gouvernement du roi...

» J'ose avouer à Votre Grandeur, *que le souvenir*
» *des paroles consolantes qu'elle daigna m'adresser*
» *à la Cour des pairs* me donne la confiance de la
prier de s'intéresser à moi, car, etc...

» *Signé* le capitaine L. Delamothe.

» Cambrai, le 11 août 1825. »

J'entends déjà ce qu'on va me dire: Un témoignage
isolé prouve peu de chose, n'est-ce pas? Eh bien! qu'à
cela ne tienne; j'en citerai un second. Tout le monde a

ouï parler de M. G. Lavocat, si avant engagé dans la conjuration de 1820, si chaud et si empressé dans la révolution de 1830. On me fera bien la grâce de croire que je ne m'aveuglais pas sur la sincérité de son repentir, et que je n'ignorais ni ses inclinations, ni ses engagemens, ni son activité, ni ses espérances. Et pourtant, (car il y eut une époque où je le trouvais fort à plaindre, et fort peu à craindre) et pourtant on va voir quelle lettre je lui fournis l'occasion de m'écrire :

« Monseigneur, *c'est à Votre Excellence que je* » *dois le bonheur de revoir mon pays et ma famille.* » Puis-je espérer qu'elle daignera m'accorder une au- » dience particulière, afin que je lui exprime de vive » voix *toute la reconnaissance que m'inspire une* » *action aussi généreuse?*
» J'ai l'honneur, etc.
» *Signé* G. Lavocat. »

Les personnes qui aiment à philosopher sur les vicissitudes de la vie, en trouveraient ici un bon texte; car M. G. Lavocat est ce même lieutenant-colonel de garde nationale, dont M. le marquis de La Fayette fit choix pour me garder au Luxembourg pendant mon procès; le même qui fut chargé de ma translation à Vincennes; le même qui eut la commission de m'accompagner et de m'enfermer au château de Ham. Je gage qu'on ne doute point qu'il n'ait été, durant ce temps, grandement question du passé entre lui et moi: c'est où l'on se trompe. Il y pensait à coup sûr, mais n'en parlait point. Pour moi, qui n'avais pas crainte qu'il l'eût oublié, soit humilité, soit orgueil, je lui épargnai jusqu'au bout l'embarras d'en gémir ou d'en triompher.

D'un colonel à un général il n'y a quasi que la main. Je puis donc, sans que la transition paraisse trop brusque, passer de M. Lavocat à M. d'Erlon. Entre condamnés, la différence des grades n'est pas une grande affaire. Rien n'efface l'inégalité des rangs comme le malheur. Toutes les aristocraties et toutes les prééminences de convention ont besoin de prospérité. Il n'y a que celles de l'intelligence qui s'en passent, et que la mauvaise fortune n'abolisse point.

M. d'Erlon était condamné, fugitif, interdit de France. Il avait, chose assurément fort légitime, et que je comprends aussi bien que qui que ce soit, il avait un très impatient désir d'arriver au terme de ce dur exil. Ses tentatives obséquieusement faites, et assidument répétées, avaient été long-temps sans succès. Enfin, un meilleur jour se leva, et ma bonne étoile fit que je devins l'ouvrier de cette difficile faveur. M. d'Erlon avait pour intercesseur et pour répondant le duc de Trévise. Celui-ci ayant eu un entretien sérieux avec moi, y démêla aisément mes vœux personnels et mes espérances. Peu d'heures après je reçus de

lui le billet que je vais transcrire, et en même temps
un placet que je ne transcrirai pas.

« Monsieur le comte, immédiatement après avoir
» eu l'honneur de vous voir aux Tuileries, je suis passé
» chez M. de Saleignac, ancien aide-de-camp du comte
» d'Erlon, *pour lui annoncer vos intentions bienveil-*
» *lantes envers celui qui fut autrefois son général.*
» Je prie Votre Excellence de vouloir bien lui permettre
» de lui présenter un placet qu'il venait justement de
» recevoir du comte d'Erlon, et qui me paraît pouvoir
» atteindre le but désiré. Je prie, etc...
» *Signé* le maréchal duc de TRÉVISE.

» Paris, le 31 octobre 1824. »

M. d'Erlon fut amnistié. Je prévois bien qu'il se
trouvera des personnes qui regretteront que j'aie omis
le placet; mais peut-être aussi s'en trouverait-il d'autres qui en jugeraient la publication indiscrète. Au
fait cela serait long, et de la plus ennuyeuse longueur
du monde, de celle où l'on n'apprend rien. Car qui
est-ce qui ignore le langage des supplians, leur repentir, leurs protestations, leurs promesses? Ne tient-
on qu'à savoir s'il y avait de tout cela dans le placet
du comte d'Erlon? Eh, mon Dieu! oui, il y avait de tout
cela, et abondamment. Mais cette disposition d'une
âme modeste et mal satisfaite, qui la porte habituel-
lement aux regrets et à la sévérité envers elle-même,

n'est pas d'un jour ni d'une seule action, et il s'en est
vu de ces gens à inclination pénitente, qui se sont un
peu plus tard repentis de leur repentir.

J'en pourrais citer quelques autres encore parmi
messieurs les officiers-généraux, qui n'ont eu à se
plaindre de moi, ni autrement   ni plus que M. d'Erlon : M. de Vaudoncourt, par exemple. Mais c'est à
M. l'ambassadeur de France en Angleterre qu'il faut
rapporter principalement le succès de cette nouvelle
intercession. Il ne m'en revient en bonne justice
qu'une demi-part. M. de Polignac a tiré avantage
autrefois de cet acte de commisération et de bienfai-
sance ; il a eu pleinement raison. J'ai encore la lettre
où il me sollicitait et m'endoctrinait ; et puisqu'il a
plu au hasard de la préserver et de me la rendre, je
ne vois pas quel mal il y aurait que je lui fisse une
petite place en ce lieu. Je puis bien, sans trop m'écarter de ma thèse, pendant que j'essaie de me faire
rendre un peu de justice, aider, en passant, à la faire
rendre à autrui. Il ne me semble pas que cela me soit
malséant, ni que personne puisse être tenté d'attri-
buer ma révélation à une obséquieuse déférence, plutôt qu'à un désir uniforme et universel d'être véridique
et équitable envers tout le monde. Ici donc sera la
lettre du prince. C'est notre titre à tous deux : à lui
qui proposait et intercédait ; à moi qui consentis et
exécutai.

« Mon cher comte, je vous envoie aujourd'hui une
» seconde pétition du général de Vaudoncourt, et je
» vous recommande d'avoir la complaisance d'y pren-
» dre une véritable attention. Cet ancien officier-
» général me paraît sincèrement repentant. Les bon-
» tés, la clémence que le roi lui montrerait me seraient
» très utiles pour déjouer les projets des malveillans qui
» sont en Angleterre... Mais mes efforts seraient inu-
» tiles si le sincère repentir ne trouvait pas sa récom-
» pense. Déjà l'un d'entre eux, dont je vous entretien-
» drai sous peu de jours, s'est..... Il est venu me con-
» fesser ses torts, m'exprimer son repentir, en termes
» qui, appuyés de faits, ne me laissent aucun doute
» que désormais il restera fidèlement attaché à la cause
» royale. Mais sa position sera le sujet d'une autre let-
» tre. Je ne veux vous entretenir dans celle-ci, mon
» cher comte, que de ce qui concerne M. de Vaudon-
» court... Je profite, etc...

» *Signé*, prince de POLIGNAC.

» Londres, ce 12 octobre. »

Je ne clôrai point l'article des officiers-généraux
sans y joindre quelque souvenir du comte Clauzel. J'ai
fait allusion, dans le procès de la Cour des pairs, à ma
conduite envers lui ; mais sans le nommer, et sans dai-
gner faire preuve de ce que j'en rapportais. Plus libre à
cette heure, parce que je n'ai aucun péril devant moi,
aux pieds duquel on puisse croire que je me prosterne,

j'ajouterai une partie au moins de ce que j'ai omis.

Tout le monde a su le personnage que fit, en 1815, le comte Clauzel. C'était lui que l'empereur avait envoyé contre Bordeaux; et quand le rude envoyé eut réduit madame la duchesse d'Angoulême à sortir de cette ville où elle laissait des regrets profonds et universels, il s'y établit et se mit à gouverner le pays. Jusqu'à la bataille de Waterloo, tout y alla presque régulièrement et bénignement. La garde nationale s'était, de sa propre volonté, retirée et licenciée ; la moitié des magistrats s'abstenait, aucun avocat n'allait plaider dans les tribunaux. Dans les marchés, dans les chantiers, sur le port, le peuple faisait éclater, sans ménagemens, ses malédictions et ses vœux. On voyait tout cela, et quelque irrité qu'on en fût, la violence fut rarement mise en œuvre pour y obvier. Le comte Clauzel avait trop de modération et de prudence. Il comprenait qu'au lieu d'éteindre le feu, les impatiences de l'administration l'auraient excité.

Mais la bataille de Waterloo perdue, on perdit du même temps toute force, tout ascendant, toute sécurité, toute sagesse. On voulut contenir, et, pour contenir, on n'imagina rien de mieux que de faire peur. Il y eut des essais de proscription, d'arrestation, même de combat. On eut l'incroyable folie de me signifier l'ordre d'aller à l'armée, comme conscrit, sans doute, malgré mes trente-cinq ans, ou comme volontaire, peut-être, en dépit de ma volonté. On fit feu sur le

peuple, au milieu des places publiques. On envoya
dans la nuit la gendarmerie pour enlever M. le comte
de Saluces, M. Gautier, quelques autres encore, et
moi-même. J'ai découvert, je ne sais plus comme,
l'ordre fatal, mais qui n'eut pourtant pas de succès,
où le nom de M. Gautier est très lisiblement écrit à
côté du mien. C'est une pièce bizarre, et que je con-
serve précieusement. Elle ferait foi, s'il en était besoin,
de la fragilité des opinions humaines, plus variables,
au centuple, que les affections. Car M. Gautier, que
j'aime de toute mon âme, quoiqu'il se soit souvent
écarté, depuis cette époque, des sentimens auxquels je
me suis invariablement attaché, m'aime aujourd'hui
aussi tendrement que jamais, et m'en a donné de tou-
chantes preuves.

Qui doute qu'après avoir été harcelé de cette façon,
l'étrange moi qu'on avait si grotesquement inventé et
représenté, n'ait profité, le temps venu, de sa puissance, pour rendre la pareille au comte Clauzel, et
lui faire éprouver à son tour quelques unes de ces
tribulations si dures et si importunes au faible, si fa-
ciles et si commodes au plus fort? Rien assurémentt
qui fût plus vraisemblable et plus naturel. Mais c'est que,
le moi véritable, le moi réellement moi est d'autre façon. Aussi les choses allèrent-elles tout au rebours de
ce qu'on croirait. Je n'en dirai point les détails, qui
n'intéresseraient guère. Mais j'ai là, sur cette table,
une lettre du comte Clauzel, dont je veux extraire

quelques lignes ; elles suffiront amplement, si je ne me trompe, car elles ne résument point mal les seules choses que j'aie envie ou intérêt de faire savoir.

« Monseigneur, permettez-moi de... J'éprouve une » satisfaction toute particulière de pouvoir me rappe- » ler dans le souvenir de Votre Excellence, de lui dire » *que je n'oublie point ses bontés pour moi*, et de » lui adresser *les expressions de ma gratitude...*

    » Je suis, etc...

              » *Signé* général comte Clauzel.

    » 3 septembre 1823. »

Je compte trop sur la sagacité et sur la justice de mes amis politiques, pour craindre qu'aucun d'entre eux se formalise de cette liste de favorisés. Elle ne comprend aucun nom ami, je l'avoue ; mais c'est que mon dessein l'exigeait. S'il se trouvait, de méchante aventure, quelque esprit fâcheux qui en tirât courageusement cette conséquence, qu'apparemment je n'avais de condescendance et de bonnes grâces que pour les champions du parti contraire, en vérité cet esprit-là me jugerait témérairement. Mes sentimens ne se partialisaient point de cette façon. Je sais qu'il y a une politique ingrate et à courte vue, qui croit faire merveilles en rudoyant les fidèles, et gorgeant les autres de biens. Mais cette politique-là n'était point la mienne, et je l'ai toujours eue en pitié. Je dis aux princes, avec Martial : *Discernez les vôtres : Principis est virtus maxima nosse suos* (1). Si je n'ai cité personne parmi ceux qui partageaient mes opinions, c'est qu'il m'a paru impossible qu'on ne comprît pas que puisque j'en agissais de la sorte avec les adversaires les plus opiniâtres, à plus forte raison avec les hommes loyaux et dévoués qui me secondaient. Qu'ai-je besoin de dire mon empressement pour ceux-ci, chaque fois que leurs réclamations s'accordaient avec mes devoirs? cela ne va-t-il pas de soi-même? Qu'ai-je besoin même de compter tout ce qu'une obligeance d'habitude, plutôt encore que de réflexion, m'a fait faire ou solliciter pour les autres? Puis-je tout dire ici, et ne suffit-il pas de quelques exemples?

Réflexion faite pourtant, je m'en vais fouiller dans mes paperasses. Il n'est si fausse et si folle idée qui ne puisse entrer, fois ou autre, en quelque cerveau. Mieux vaut les prévenir que de les attendre. Justement le hasard me sert à souhait, et du premier coup ma main tombe sur un billet bien court, bien clair, bien flatteur, et plus imposant dans son expressive brièveté que les cent louangeuses lettres que j'y pourrais joindre. Il eût fallu le retrouver et le faire voir, ne fût-ce que pour avoir l'occasion de citer le généreux nom qui est au bas, et de payer à la noble famille que ce nom honorerait si elle ne l'avait illustré, le tribut d'admi-

____

(1) Lib. VIII, épig. VIII.

ration et d'affection que lui doit tout homme de cœur,
pour son glorieux dévouement et pour sa constance.
Le voici donc ce billet, qu'on prendra, si l'on veut,
pour une digression, mais non pas , j'en suis sûr, pour
une superfluité :

« Monsieur le comte , c'est avec la plus vive sen-
» sibilité que j'ai eu l'honneur de recevoir la lettre
» de Votre Excellence, qui m'apprend la grâce du
» Vendéen Maupetit. Soyez-en béni. C'est une obliga-
» tion de plus que vous doivent les fidèles royalistes.
» Je prie Votre Excellence de recevoir l'hommage bien
» sincère de la reconnaissance avec laquelle j'ai l'hon-
» neur , etc...
     » *Signé* DONISSAN, marquise de LA ROCHEJAQUELEIN.

     » Rambouillet, ce 21 août 1823. »

On me demandera peut-être ce que j'ai en vue, et
si je prétends attirer à moi tout le mérite de ces favorables actions. Assurément non, et Dieu m'en pré-
serve! L'honneur en est avant tout au roi, dont elles
expriment si bien les sentimens et la politique. Il est
ensuite à ce ministère de 1821 , dont je n'étais guère
que l'organe , et que dirigeait un homme à qui sa
prodigieuse habileté tiendrait lieu de modération, si
cette précieuse qualité du cœur lui était moins familière et moins naturelle. Je ne viens, moi, qu'au troisième rang; mais enfin j'y viens. J'y viens pour avoir

préparé les choses, et pour les avoir accomplies. J'y viens avec mon vrai caractère et ma vraie humeur, et non avec les rudes et ineptes penchans qu'on m'attribuait.

Jusqu'ici, l'on n'a guère vu que des faits isolés, et des actes de bienveillance individuelle. Que sais-je ! Il se rencontrerait peut-être des gens difficiles et revêches qui demanderaient : qu'importe cela? quel cas peut-on faire de cette bonté fortuite et de cette compassion d'accident? Y a-t-il si grand sujet de se récrier pour quelques malheureux qu'on se sera capricieusement lassé de faire souffrir? Que ne nous parle-t-on des affaires communes et de la direction générale? Que ne nous fait-on voir la politique elle-même, empreinte de cette générosité qu'on loue, et dont on se targue?

Rien de plus juste, et je ne demande pas mieux. Pourtant, j'aurais trop d'avantage si je faisais le tableau de tous les complots ourdis, découverts, étouffés dans les premiers temps de mon administration, et si je mettais à côté celui des grâces sans nombre qu'obtinrent successivement leurs auteurs. Je triompherais aussi trop commodément, si j'allais réveiller l'affaire de la frontière espagnole, et l'amnistie de 1825, et l'autre amnistie de 1826. Tout cela est si connu que je me ferais conscience de le répéter.

Mais j'ai autre chose en ma possession, à quoi l'on ne s'attend guère, et que je suis grandement tenté

d'offrir aux méditations de ceux qui me jugeaient, sans
savoir, avec tant de légèreté et de défaveur. C'est de la
révolution d'Espagne qu'il est question ; c'est du sort
des révoltés vaincus et proscrits ; c'est de ma propre
pensée sur eux et de mes conseils. N'avouera-t-on point,
cette fois, que la preuve est bonne, et que, pour peu
qu'il y ait trace de pitié, celle-là du moins est bien
certainement collective, et bien manifestement politique?

Or, c'était en 1824. J'avais eu l'occasion d'écrire à
M. l'ambassadeur de France en Espagne, homme
d'une grande pénétration et d'une rare prudence. L'état
de ce pays et du nôtre m'était revenu à l'esprit, pendant que je faisais ma lettre; et quoique l'affaire que
j'avais à expliquer ne s'y prêtât guère, je ne pus résister au désir d'y faire entrer tellement quellement
une page ou deux sur ce sujet important. Si je les
avais, je les répèterais bien, et ne m'en ferais faute.
Mais où sont-elles? Heureusement que j'ai la réponse,
qu'un plus favorable sort a préservée de la destruction,
et qui, sans être moins positive que ma lettre, aura
peut-être plus de crédit encore qu'elle n'en aurait.
Écoutons-la donc, cette précieuse réponse :

« Monsieur le comte, j'ai reçu la lettre que vous
» m'avez fait l'honneur de m'écrire.... Hélas! *vous avez*
» *bien raison; il nous manque* encore L'AMNISTIE, et le
» morceau n'est pas aisé à obtenir. Ce genre d'idée n'est

» pas trop populaire dans ce pays, et chacun craint de
» se voir enlever les moyens de se venger de son ennemi.
» Malgré cela, le travail avançait ; un soin continu y
» avait amené les ministres et le conseil d'état. Tout
» était terminé : il ne manquait plus que la signature
» du roi, qui allait la donner. Une fatale imprudence
» est venue la suspendre. Les intrigues et les partis en
» ont profité, et, depuis trois semaines, il faut lutter
» contre les inquiétudes que cette imprudence a exci-
» tées. *Il nous faut pourtant cette amnistie, je le*
» *sens comme vous*, et vous jugez combien je redouble
» d'efforts pour l'obtenir et pour réparer le mal. Agréez,
» je vous prie, etc.

» Signé TALARU.

» Madrid, le 3 mars 1824. »

J'ai essayé souvent de me représenter la longue
figure qu'eussent faite M. Benjamin-Constant et autres,
au temps du procès, si l'abominable homme qu'il fallait absolument que je fusse alors, leur eût joué le ma-
licieux tour de se faire reconnaître pour ce qu'il était,
montrant impitoyablement leurs aveux pour titres, et
leur propre seing pour garant. Est-il bien sûr que les
spectateurs eussent pu tenir leur sérieux, et que le
drame sinistre n'eût pas dégénéré un instant de sa for-
midable solennité ? Mais du reste, il n'en eût été rien
de plus ; je le voyais bien. Aussi consentis-je prompte-
ment et sans répugnance à épargner cet inutile em-

barras à mes attestans, et à leur laisser jouer leur petit rôlet jusqu'au bout, sans confusion ni déconvenue. Ma fierté d'ailleurs y trouvait son compte, et j'estimais médiocrement convenable et digne, que j'allasse, comme un légitime et franc accusé, exhiber un à un mes certificats de bonne vie et mœurs à mes juges. Et puis, je le répète, à quoi bon ? On avait bien affaire alors de justice et de vérité ! C'était le temps des fictions, et je ne sais, Dieu me pardonne, si le temps lui-même n'en était pas une. Fiction de crime, fiction de juges, fiction de lois, fiction de sentence, fiction même de gouvernement. Il n'y avait de réalité que dans le péril, et il était d'autant plus inutile de le combattre, que le tribunal, qui en avait sa part, songeait bien moins à le surmonter qu'à le détourner. Mes amis furent tous de ce sentiment ; Villebois surtout, vieux compagnon de ma vie, et qui la sait aussi bien que moi ; esprit réfléchi, conciliant, circonspect, et à qui je devais beaucoup d'égards et de déférence ; car il n'y eut jamais d'affection plus chaleureuse et plus dévouée que celle dont il me prodiguait chaque jour, et à tout risque, les loyales marques.

Il faut bien, dans ces situations extrêmes, se laisser un peu guider par ceux qui ont mis leur vie en commun avec la nôtre. C'est le moindre dédommagement qu'on leur doive pour la part qu'ils prennent dans nos souffrances et dans nos chagrins. C'est aussi un encouragement et une satisfaction pour soi-même, au milieu d'une agitation d'esprit qui pourrait si facilement le troubler, de savoir qu'on n'est pas seul à trouver bon le parti auquel on s'arrête. Aussi poussais-je assez loin cette déférence; car je l'étendais aux absens. J'ai un autre ami, un ami comme personne n'en a, et de qui, à moins de me donner sa vie, je ne saurais recevoir de meilleurs gages de fidélité. Il est du métier, puisque c'est le président Dutrouilh. Son malheur, car c'est ainsi qu'il en parle, le retenait alors loin de Paris. Il n'était pas de fait à côté de moi, dans cette tourelle étroite et nue où l'on m'avait misérablement enserré. Mais je l'y évoquais assidument chaque soir, et comme notre longue et douce fréquentation m'a appris à pressentir sa pensée avant même qu'elle se forme, je l'interrogeais, à cent cinquante lieues de distance, avec pleine certitude de connaître à l'instant même la réponse qu'il m'eût faite s'il eût été là. Il me sembla qu'il était de l'avis des autres, et qu'il me conseillait comme eux de remettre toutes ces menues choses à un autre temps.

Mais pour achever de rendre à cette partie de ma figure publique sa vraie couleur et sa légitime expression, il peut être bon que j'ajoute encore quelques mots sur un ou deux faits mal connus, quoique fort connus cependant. D'abord, les déportés de la Martinique : c'étaient des hommes de couleur qu'on accusait de desseins formés et de tentatives essayées pour soulever les esclaves, et que la cour de justice de la colonie avait fort rigoureusement condamnés. Le gouverneur les avait envoyés en France. A leur arrivée, on leur inspira le dessein de se pourvoir en cassation contre l'arrêt qu'ils avaient subi. Ce pourvoi fut fait en plusieurs copies : deux pour le sous-préfet et le procureur du roi du lieu de débarquement ; une pour le ministre de la marine ; une pour la cour de cassation ; une dernière enfin pour la chancellerie de France.

Comme la justice des colonies était exclusivement dans les attributions du ministère de la marine, la copie que l'on m'apporta fut renvoyée à l'instant même, et par mon ordre, à ce ministère. Il y avait alors à la tête de la direction des colonies, dans le département de la marine, un homme de beaucoup de capacité, et d'une volonté persistante. M. Lareintie, c'est de lui que je parle, sachant qu'il ne se faisait jamais de pourvois contre les sentences criminelles de la Martinique, et que cette manière d'en appeler avait toujours été considérée jusqu'alors comme illégale et impraticable, jugea qu'il ne devait donner aucune suite à la réclamation des condamnés. Seulement, il me fit écrire par le ministre, afin de fortifier vraisemblablement son sentiment par le mien.

Les gens de bureau sont gens de routine. Ceux de la chancellerie, songeant au passé, ne s'avisaient pas que le présent pût y faire quelque différence. Leur premier mouvement fut donc de me proposer une réponse comme ils l'eussent faite à vingt ans de là ; c'est-à-dire en tout point conforme à l'opinion du directeur des colonies. L'ordre du travail, au ministère de la justice, était tel : un commis qualifié du titre de rédacteur, ébauchait la lettre; le chef de bureau la revoyait et la corrigeait; le directeur de la division l'examinait à son tour et l'adoptait; enfin le secrétaire-général la lisait et lui donnait ou lui refusait son approbation. Tous ces préliminaires avaient été remplis comme de coutume, et chacun des trois censeurs, chacun, je le répète, avait consenti. Il n'y manquait plus que ma signature....., et on ne l'eut pas. Je regardais, d'ordinaire, aux affaires. Celle-ci me parut moins simple qu'on ne la faisait; la lettre me parut beaucoup plus tranchante qu'il ne convenait : j'ordonnai de se remettre en besogne, et une nouvelle lettre, encore munie du triple assentiment du chef de bureau, du directeur et du secrétaire-général, fut expédiée, où je disais seulement que la procédure n'étant point sous mes yeux, et la chancellerie n'étant le dépôt ni de la législation, ni de la jurisprudence des colonies, il me serait difficile d'exprimer immédiatement une opinion réfléchie sur la question qu'on me proposait.

Un certain temps se passa, après lequel M. Lareintie revint à la charge. Les légistes de mon département s'étaient mis, dans l'intervalle, en recherches, et ils avaient acquis, non sans juste cause, la conviction que les principaux magistrats de Paris pensaient exactement sur cette affaire comme le directeur des colonies,

Leur confiance s'en accrut, et le projet de réponse qu'ils me soumirent s'en ressentit. Ce projet, toujours accompagné des trois approbations que j'ai dites, louait et justifiait sans restriction toutes les prétentions de la marine. Or, il faut savoir que ces prétentions comprenaient deux choses : l'une, que le pourvoi n'était pas admissible; l'autre, qui était donnée comme une conséquence de la première, que le ministre était dispensé de soumettre l'affaire à la cour de cassation.

Mais j'avais fait mes réflexions aussi, et je ne me laissai pas ébranler. Ce projet n'eut point un meilleur sort que le précédent. Je le bâtonnai de ma propre main, et écrivis à la marge la phrase essentielle que devait contenir et développer ma vraie réponse. Il n'y avait plus à reculer, et la chose s'exécuta comme je disais. Un autre projet fut écrit, et fut soumis d'abord, selon l'usage, au chef de bureau, au directeur et au secrétaire-général; après quoi on me l'apporta, et je le signai. Voici ce qu'il contenait : 1° que le pourvoi me semblait non recevable ; 2° que toutefois *le droit de le déclarer tel n'appartenait qu'à la cour de cassation.*

A cela se réduit toute la participation que j'ai eue à cette affaire. Je crois, de pleine conviction, que jamais ministre ne fit chose plus irréprochable; et l'inique aveuglement des partis lui-même a peine à rendre raison du stupide acharnement dont elle fut le prétexte.

Tout le monde pourtant ne l'imita point, cet acharnement; car, à quelque temps de là, les condamnés ayant présenté une pétition à la chambre des pairs, la chambre *passa à l'ordre du jour sur ce qui me concernait*, et ne renvoya la pétition qu'au ministère de la marine. Or quel était le rapporteur ? M. de Broglie.

Cependant la révolution de 1830 éclata; messieurs de Tours me saisirent, et M. Salverte provoqua mon accusation. Pendant que la commission d'instruction poursuivait son œuvre, les déportés furent excités, je ne veux pas dire par qui, à se mettre de nouveau en scène. On leur arrangea une seconde pétition, tournée contre moi du mieux que l'on put, et qu'ils adressèrent à la chambre des députés, cette fois. Le temps et le lieu étaient bien choisis. Admirons la préoccupation de certains esprits, dans les grandes émotions politiques, et l'incroyable amoindrissement que leur mémoire y subit. Le jour venu que la commission des pétitions dut faire son rapport, on entendit l'orateur, qui parlait pour elle, déplorer avec une grande ostentation de regrets, le sort qu'on avait fait aux pétitionnaires en différant si long-temps de soumettre à la cour de cassation leur pourvoi, et rejeter impitoyablement sur moi, proscrit, cette faute, prétendant que le ministère de la marine m'avait consulté; que *je n'avais qu'un mot à dire*, et que *ce mot n'avait jamais été dit.*

Et sur cela, la chambre d'ajouter ce nouveau et

bizarre grief de trahison à ceux qu'elle accumulait à la sueur de son front, pour m'en accabler. Or le singulier, l'inouï, le prodigieux de l'affaire, est que le brave homme qui engageait la chambre dans cette injustice, eût été, sans le méchant tour que lui jouait sa mémoire, plus propre qu'aucun à l'en détourner. Car il était, que dirai-je? peut-être de ceux qui m'avaient vu écrire ce mot nécessaire, et qui avaient contribué tour à tour à m'en dissuader et à m'y servir.

Mon étonnement fut profond, je ne prétends pas le nier. Sans perdre un instant, j'écrivis à la commission d'instruction; je lui contai quand, comment et *au su de qui* j'avais dit le mot qu'on m'accusait de n'avoir pas dit. Je la priai de venir recevoir mes explications dans les vingt-quatre heures, et la requis de me représenter le dossier de cette affaire, tel que l'inventaire ferait voir qu'il devait être; c'est-à-dire avec les quatre minutes de mes réponses, corrigées par moi, refaites sur mes indications, et portant à la marge des preuves palpables du concours de ceux qui travaillaient alors sous mes ordres.

Le voudra-t-on croire? Réussirai-je à persuader une chose si criante et si monstrueuse? Ma lettre resta sans réponse. On refusa d'entendre mes explications; on évita de produire le dossier que je réclamais. On reconnut tout; on vit tout; et l'on fit néanmoins comme si cette vérité si simple et si manifeste étai ignorée. On introduisit courageusement et obstinément le merveilleux grief dans l'acte d'accusation porté contre moi, afin de donner sans doute à cet acte plus d'ampleur et plus d'apparence. Seulement, une ou deux semaines après, l'un des membres de la commission étant venu à Vincennes, il me répondit à voix basse, quand je voulus lui faire ma plainte : « Vous » avez raison; mais ne vous occupez pas de cela. C'est » une misère; il n'en sera plus question.» Et en effet, quand ce fut devant la chambre des pairs, on n'en fit plus question : c'est qu'on savait bien ce qu'il en serait advenu, et quel avantage on m'aurait donné. Voilà un échantillon de la bonne justice qu'on m'a faite. Franchement et sans vanité, j'en faisais de meilleure sorte, du temps que c'était mon tour.

Encore un récit. Celui-ci sera plus grave de beaucoup, et plus douloureux. Les trois sous-officiers de La Rochelle en sont le sujet. On sait cette histoire : le complot, les poignards, le jugement, la condamnation, la funeste mort. Assurément, je les crois coupables, ces pauvres jeunes gens si fidèles à leur trahison; et fussé-je cent fois plus malheureux et menacé que je ne le suis, je ne songerais point à désavouer, ni à excuser l'ordre donné d'instruire et de mener à fin leur procès. Il n'y a rien de vrai sous le ciel, ou il est vrai que mon devoir était de les livrer à leurs juges, comme le devoir de ceux-ci était de prononcer en honneur et conscience, suivant les témoignages et suivant la loi. J'ai fait mon devoir, et rien de moins, ni de plus. Je ne vois donc pas quelle faute je pourrais avoir à justifier ou à pallier.

Mais cette juste persévérance de l'homme public ne fait point obstacle aux sentimens, justes aussi, de l'homme privé. Je regrette donc amèrement et sincèrement le déplorable sort de ces malheureux. J'honore, non de mon cœur de citoyen, mais de mon cœur d'homme, leur dévouement, leur générosité, leur constance. J'ai détesté leur égarement, et estimé leur courage ; et comme il en est ainsi, je le dis librement et ouvertement ; je le dis sans affectation et sans faiblesse ; car on sait bien que ma vieille tête de captif ne se courbe ni devant la force, ni devant la haine. Sais-je d'ailleurs, moi, ce que je ferai de ces pages ?

Cet intérêt, tel que je l'explique, a ses preuves, et qui ne sont pas d'aujourd'hui. On eût voulu, et moi bien certainement autant que qui que ce soit, que le nombre au moins des victimes pût être réduit. J'atteste que c'était le désir du roi. Mais les agitations du temps, les complots incessamment fomentés et renouvelés, l'évidence et le caractère de l'accusation, le but de l'attentat et les moyens mis en œuvre pour en assurer l'accomplissement ; enfin la consciencieuse loyauté du jury, qui a droit qu'on la respecte et qu'on la ménage, tout était d'accord pour interdire à l'indulgence les prétextes puisés dans les évènemens antérieurs. Il fallait donc des motifs récens, sérieux, et qui missent le gouvernement à l'abri de tout reproche de faiblesse ou d'imprévoyance. Dieu m'est témoin que je ne négligeai rien jusqu'au dernier jour, pour les obtenir. Les condamnés eurent leur sort dans leurs mains, et en décidèrent. Même, quand le terrible moment fut venu, j'eus l'idée d'une chose qui n'avait, je crois, jamais eu d'exemple. Je fis choix de deux magistrats; l'un, également honoré dans tous les partis, rempli de science et exempt de toute passion; l'autre, spirituel, discret, animé d'un zèle qui n'était ni inflexible, ni invariable, et qui l'a prouvé. Je les appelai, et ils vinrent. Je leur donnai des instructions et des pouvoirs. Ils reçurent, par écrit, l'autorisation de tenter un dernier effort, d'en apprécier eux-mêmes les résultats, et d'interrompre l'exécution de l'arrêt à l'égard de celui qui y aurait donné lieu. Ils allèrent donc, et se dévouèrent à cette mission de miséricorde et de vie. Mais leurs tentatives échouèrent, et ils eurent la douleur de se voir tout refuser. « Je vous remercie, leur dit le plus » jeune; mais je ne puis pas. Ce que vous m'offrez n'est » pas autant que vous pensez en votre pouvoir, ni au » pouvoir de ceux au nom de qui vous parlez. Vous » ne savez pas le sort que j'aurais. Je n'en mourrais » pas moins, ni guère plus tard, et ce serait avec plus » de honte. » Le malheureux répéta deux fois ces paroles, et quand on les eut écrites, il les signa avec une étonnante fermeté. J'ai eu long-temps le procès-verbal en ma possession. Ces sortes de souvenirs ne s'altèrent point.

J'ai quelque espérance, qu'en parcourant ce chapitre, on aura plus d'une fois gémi sur la difficulté qu'il y a, même en ce temps de publicité, pour connaître au vrai les hommes dont on s'occupe le plus, et sur la prodigieuse promptitude avec laquelle se propagent et s'enracinent les préventions odieuses que l'odieux esprit de parti suscite contre eux. Je veux fortifier encore cette légitime pitié dans le cœur de ceux qui l'ont éprouvée. Je veux, avant d'arrêter le tableau, y ajouter encore quelques traits. Je veux, puisque j'ai tant fait et que je suis allé si avant, rassembler quelques exemples de l'opinion qu'exprimaient le barreau, le conseil d'Etat, la magistrature, non pas à la vérité dans les feuilles publiques et dans les pamphlets, où la plupart prennent le masque du jour; mais dans les écrits libres et secrets, où l'on ne dit apparemment que ce qu'on pense, puisqu'on n'y parle que de ce qu'on veut, et autant qu'on veut. Il y aura peut-être peu de modestie; mais pourtant le mal qui se dit, ne peut se combattre qu'en disant le bien; et qui voudrait, avec ces prétextes de pudeur et d'humilité, clore la bouche à ceux qu'il accable, se ferait aussi trop beau jeu.

Poursuivant donc mon dessein, j'admets d'abord comme chose infaillible et indubitable, que le barreau de France ne désavouera pas celui de Paris, et qu'il le prendra volontiers pour interprète de ses sentimens. Voyons donc le barreau de Paris, et écoutons-le. Bien des gens croiront que j'en aurais pu choisir de plus favorables.

« Monseigneur, dit-il, *l'ordre des avocats doit à* « *votre bienveillance particulière autant qu'à la* «*profondeur de vos méditations, la restitution de* « *ses antiques prérogatives.* Jaloux d'offrir leur hom-« mage au meilleur des rois, les avocats de la Cour « royale de Paris sentent le besoin d'un intermédiaire « favorable et puissant. Veuillez bien, Monseigneur, « être leur interprète, et croire à la *haute reconnais-*« *sance,* et au très profond respect, avec lesquels nous « sommes, etc...

«*Signés* GAIRAL, bâtonnier de l'ordre; DELA-« CROIX FRAINVILLE, ancien bâtonnier; « ARCHAMBAULT, ancien bâtonnier; BIL-« LECOCQ, ancien bâtonnier; TRIPIER, BER-« RYER père, THEVENIN père, COUTURE, « GUEROUL, PANTIN, archiviste; GAU-« TIER, LOUIS, DOUET D'ARCY, CAILLAU, « DELVINCOURT, BERRYER fils, secrétaire « de l'ordre. »

» Paris, le 4 novembre 1824. »

Je suppose aussi qu'on me permettra de choisir pour organe du conseil d'état, celui de ses membres que la restauration avait fait académicien, et que la révolution suivante a fait pair de France; homme de talent, homme de goût et d'esprit, homme engagé avant ma venue dans des systèmes contraires au mien, et qui n'a pas cessé un seul jour d'être en opposition envers moi. On voit quels témoins je cherche et préfère. Entendez donc M. Villemain. On lui a prêté dans le monde, à une époque qui n'est pas encore bien éloignée, d'assez vilains mots que son caractère dément, et dont je n'ai jamais, quant à moi, cru la moindre chose. La lettre qu'on va lire, et que je n'oserais montrer sans ces méchans bruits, fera voir à quels termes j'en suis réellement avec lui, et que mon incrédulité a d'assez bons fondemens.

« Monseigneur, au risque de manquer presque de » respect à Votre Grandeur, par une double importu- » nité, je ne puis me défendre de vous exprimer toute » ma reconnaissance pour la bonté si indulgente avec » laquelle vous avez bien voulu accueillir un trop » faible hommage. Je garderai précieusement la lettre » que je reçois, Monseigneur : sans compter l'intérêt » infini de bienveillance qu'elle a pour moi, on aime à » conserver quelques mots pleins de grâce et d'urba- » nité, sortis de cette même plume si éloquente et si » énergique, dans les plus grandes occasions, et *pour » les intérêts les plus élevés de la justice et de l'État.*

» Veuillez, Monseigneur, agréer, etc...

» *Signé* VILLEMAIN.

« Ce 11 mai. »

Je compte enfin qu'on ne se scandalisera pas, si
parmi tant de magistrats dont j'ai les aveux, je jette
mon dévolu sur M. Séguier. Ce n'est pas non plus un
témoin suspect, celui-là. Quelles histoires n'en a-t-on
point faites? Quels sentimens, quel langage, quelles
propositions on lui a prêtés! Je ne sache personne, si
ce n'est moi pourtant, qui ait plus à se plaindre que lui
de l'effrontée témérité des arrangeurs de réputations.
Ce n'est pas que j'aie précisément la prétention de faire
croire qu'il n'y eût aucun magistrat en France, de qui
je n'attendisse encore plus de reconnaissance et d'affection. Il y en avait peut-être et même beaucoup, si l'on
veut : je n'ai garde de quereller là-dessus. Mais on
hausserait les épaules si je les citais; on me rirait au
nez si j'allais faire étalage des tendresses, des admira-
tions, des actes de reconnaissance et de foi, qui me
sont venus de M. Chantelauze, par exemple, ou de
tel autre voué, comme lui, au système politique que
je défendais. Je les prise fort cependant, et en garde
avec un soin jaloux et affectueux le souvenir et les
preuves. Mais je conçois qu'on exige d'autres témoignages; et puis, j'éprouve un vif et piquant plaisir à
faire, puisque j'en ai l'occasion, qu'on rende enfin plus
de justice à ce M. Séguier, qui me l'eût si mal rendue
à moi-même, s'il fallait croire aux impostures de ses
détracteurs.

Qu'est-ce donc que l'on souhaite de lui? il n'y a qu'à
dire. Veut-on d'abord qu'il résume et peigne d'un trait

mon caractère d'homme public, tel que sa bienveillance pour moi se plaisait à l'imaginer?

« Monseigneur, répondra sa lettre du 14 juillet 1826,
» (car je puise à dessein, et pour prévenir toute ob-
» jection, dans la correspondance de mes derniers
» temps), Monseigneur, j'ai l'honneur de vous remer-
» cier de *la grâce affectueuse* avec laquelle vous vou-
» lez bien me communiquer la promotion de M... Tout
» ce qui nous vient de Sa Majesté, et de son DIGNE MI-
» NISTRE, est reçu avec respect. Permettez que j'ajoute
» que les vœux de chacun de nous ont été remplis par
» l'expression de la volonté royale, que vous daignez
» nous faire connaître particulièrement.
                    » *Signé* le P. P. SÉGUIER. »

Veut-on qu'il s'explique sur mes procédés envers
lui?

» Monseigneur, dira sa lettre du 23 mai 1825, je
» reçois la lettre de Votre Grandeur, en date d'hier,
» qui m'annonce que Sa Majesté a daigné me nommer
» grand-officier de l'ordre royal de la Légion-d'Honneur.
» Je vous prie de mettre à ses pieds mes très humbles
» remerciemens. Si quelque chose, Monseigneur, peut
» ajouter à cette faveur, c'est *la grâce que vous-même*
» *avez bien voulu mettre à me l'obtenir sans que je*
» *l'aie demandée.* Veuillez, etc.
                    » *Signé* le P. P. SÉGUIER. »

Veut-on qu'il témoigne de sa confiance ?

« Je profiterai, Monseigneur, ajoutera aussitôt sa
» lettre du 12 juillet 1826, je profiterai de cette dis-
» position favorable de Votre Grandeur, pour rappro-
» cher les hauts intérêts publics de ce qui m'est per-
» sonnel. Mon, etc.... Je vous soumets cette pensée,
» Monseigneur, et *me repose sur votre bienveillance*
» *paternelle pour la magistrature*, et celle dont
» Votre Grandeur *m'accorde* DE CONTINUELS *témoi-*
» *gnages.*
                   » *Signé* le P. P. SÉGUIER. »

Veut-on qu'il parle de mes sentimens ?

« Monseigneur, poursuivra sa lettre du 18 juillet
» 1826, j'avais eu l'honneur... Je n'ai pas eu la pré-
» somption... Ce dont je ne doute pas, c'est *votre bien-*
» *veillance infinie qui me pénètre vivement.* Cepen-
» dant, j'ai des motifs particuliers et sincères de vous
» prier d'en différer l'usage, jusqu'à ce qu'une occasion
» naturelle me mette à même d'*invoquer* DE NOUVEAU
» *votre gracieuse et puissante affection.*
» Daignez, Monseigneur, etc.
                   » *Signé* le P. P. SÉGUIER. »

Veut-on qu'à son tour il fasse connaître les siens ?

« Monseigneur, continuera sa lettre du 4 décembre
» 1826, j'ai reçu hier soir.... S'il était possible d'ajou-

» ter quelque chose à la faveur de Sa Majesté, c'était
» *votre bienveillance* pour l'obtenir, et *votre expres-*
» *sion affectueuse* pour l'annoncer. Aussi, *moi et les*
» *miens*, en éprouvons-nous *des sentimens de grati-*
» *tude bien plus vifs* que ne seraient des paroles. Je
» prie Votre Grandeur.... etc.

» *Signé* le P. P. Séguier. »

Veut-on enfin qu'il révèle de quelle façon en usaient
pour lui les journaux, quand il s'agissait d'accréditer
l'un de ces outrages qu'ils mettaient témérairement
sous son nom ?

« Monseigneur, expliquera sa lettre du 28 novembre
» 1826, le *Journal Des débats* et la *Gazette des tri-*
» *bunaux* ont rendu fort mal, ce matin, ce que j'ai été
» porté à exprimer hier à l'audience, par suite d'un in-
» convénient que nous éprouvons depuis l'établissement
» de l'ordre judiciaire actuel. En effet je suis obligé
» journellement, etc.
» Là-dessus, le *Journal des Débats* et la *Gazette*
» *des tribunaux* ont fait *un commentaire inconvenant*
» *et choquant....* J'ai donc fait appeler le sieur...., sté-
» nographe et rédacteur des articles judiciaires de ces
» journaux, et je lui ai reproché la *témérité de ses*
» *notes.* Il m'a répondu franchement *qu'il n'avait point*
» *recueilli mes paroles, mais les avait arrangées à*
» *son idée.* Les magistrats en la chambre du conseil

» lui ont fait observer que *je n'avais rien dit qui eût*
» *rapport au chef de la justice....* J'ai invité le sténo-
» graphe à corriger ce qu'il avait *inconsidérément*
» *avancé*, et il l'a promis. Je vous prie, Monseigneur,
» d'être convaincu *du respect que je porte*, et au be-
» soin ferais porter aux ministres du roi, et *particulie-*
» *lièrement à Votre Grandeur.* Je parle, et j'agirais,
» autant par le sentiment de mon devoir, que *par celui*
» *de vos bontés personnelles.* Veuillez, Monseigneur,
» agréer l'hommage de mon *cordial dévouement.*

» Signé le P. P. Séguier. »

Oh! l'heureuse vie des hommes publics! S'ils servent
médiocrement, on n'y prend pas garde, et ils passent.
S'ils servent bien, on s'irrite, on s'en fait peur, on crie
haro! Mieux ils font, plus mal on leur fait. Ceux-ci,
qui les craignent, ne rougissent de rien, sitôt qu'il est
question de les perdre. Ceux-là, qu'ils aident et suivent,
ont peine à souffrir leur zèle, quelque profit qu'ils en
aient. Les uns, qui n'ont pas lieu de les envier, sont
ingrats ; les autres, qui n'ont pas sujet d'être ingrats,
se font envieux. Quelquefois le bonheur leur tourne si
mal, qu'ils n'ont plus de refuge que dans le malheur.
Mais l'épreuve est dure, et les bonnes chances assez
rares. Le nombre est petit, de ceux à qui l'adversité
ramène plus d'amis que la prospérité ne leur en avait
fait perdre. Il s'en voit pourtant, et à la grande louange
des amis. Si je l'osais, je dirais bien qui l'a éprouvé.

Tout calcul fait, ce qui vaut le mieux, sans comparai-
son, est de s'abstenir ; après celui-là, c'est de servir
mal. Le pire de tous est de bien servir. Pythagore
n'avait raison qu'à demi : tempête ou non, adore
l'écho.

DE PEYRONNET.

www.ingramcontent.com/pod-product-compliance
Lightning Source LLC
LaVergne TN
LVHW012055030726
842523LV00002B/529